A la mémoire

de

Paul Galliard

1867-1889

SES CAMARADES

PAUL GALLIARD

« *Que la joie où le Seigneur l'a*
« *conduit tempère notre tris-*
« *tesse.* »

(St-Bernard.)

Paul Galliard était né à Besançon (Doubs), le
6 mars 1867.

Son enfance fut heureuse et s'écoula paisible.

En 1874, il entra dans la petite classe du
lycée de Rodez (Aveyron), ville où son père
venait d'être nommé inspecteur d'Académie.
Deux années passées dans les classes primaires
de cet établissement le mirent en état de suivre
avec fruit, à partir de 1876, les classes élémen-
taires et de grammaire du lycée de Vesoul
(Haute - Saône), résidence nouvelle de ses
parents. C'est là qu'il fit presque toutes ses études
et qu'il obtint des succès, surtout dans les premières années. Plusieurs prix et accessits, dont un
deuxième prix d'excellence, récompensèrent ses
efforts et stimulèrent son ardeur : Paul se dis-
tinguait surtout par ses habitudes laborieuses,
son excellent esprit, une conduite exemplaire

et une piété fervente ; aussi était-il, de la part de ses professeurs, l'objet d'une véritable affection.

Mais déjà sa santé paraissait ébranlée et causait de vives appréhensions à ses parents. Il grandit vite ; des maux de tête persistants et une fatigue générale dégénérèrent bientôt en une névrose qui fit des progrès, d'abord insensibles, et dont on ne put jamais triompher.

Malgré cet état, Paul s'adonnait au travail, avec d'autant plus de courage qu'il lui fallait désormais plus de peine.

Le 8 mai 1879, il fit sa première communion dans la chapelle du lycée de Vesoul. Il donna l'exemple d'une ferveur admirable. Ce fut peut-être le plus beau jour passé sur cette terre par cette âme si innocente et si pure ! Il édifia ses camarades par sa piété et mit au cœur de ses parents la joie la plus douce.

Qu'il se trouvait heureux alors, près d'une mère qui n'avait pour lui qu'une seule ambition, l'élever dans les principes religieux qu'elle tenait de sa famille, près d'un père qui plaçait en lui tout son espoir, à côté d'un jeune frère dont il guidait les premières études, et d'une petite sœur qui était son idole, comblé, en même temps, par l'affection d'une grand'mère et d'une tante qui ne l'avaient presque jamais quitté !

A partir de 1880, sa santé déclina d'une manière inquiétante, malgré tous les soins qu'on lui prodiguait, tous les ménagements dont il était entouré. La névrose se compliqua d'une anémie cérébrale, que l'on combattit énergiquement dès le principe, mais qui, devenant tenace à certains moments, lui rendait le travail d'une extrême difficulté.

Cependant, grâce à un traitement spécial et à un régime sévère, sa santé parut se fortifier un peu en 1883, époque à laquelle son père fut appelé à Paris comme inspecteur d'Académie délégué au Ministère de l'instruction publique.

Paul Galliard suivit les cours du lycée Henri IV d'abord, du lycée Saint-Louis ensuite ; mais en 1886 ses forces trahirent son courage ; il fut obligé d'interrompre ses chères études, qu'il était sur le point d'achever. Ce lui fut la cause d'un chagrin poignant et cruel.

Ses parents avaient beau le rassurer, lui dire que sa maladie, déterminée surtout par la croissance, n'aurait qu'un temps ; il ne pouvait se consoler. Dès lors, il devint sombre, taciturne, et les médecins constatèrent chez lui une sorte de maladie noire d'un caractère indéfinissable.

Tous les moyens furent tentés pour le guérir, ou du moins pour enrayer le mal. Les soins médicaux, les promenades, le séjour à la campagne, les distractions de la grande ville ne parvenaient pas à le dérider ; on le vit renoncer aux monologues, qu'il savait, malgré sa timidité, réciter de mémoire avec tant de verve et de naturel ; au piano, sur lequel il arrivait à reproduire la plupart des airs qu'il n'avait entendus qu'une fois ; il paraissait de plus en plus silencieux, fuyait le monde et recherchait l'isolement.

Il souffrait sans se plaindre ; néanmoins à son frère, qu'il aimait tant et dont il était si aimé, il lui arriva de dire quelquefois : « Je vois que je ne pourrai jamais rien faire ! »

Ce pauvre jeune homme, en effet, qui avait un goût si marqué pour les études littéraires et artistiques, dont la rectitude d'esprit était si développée et le jugement à la fois si fin et si sûr, croyait s'apercevoir qu'il déclinait et ne pouvait se débarrasser de cette obsession funeste.

En vain ses camarades, en vain ses parents essayaient-ils de lui donner confiance en lui-même et de le distraire.

Paul n'aimait pas les plaisirs bruyants ; il leur préférait les joies calmes de la famille. D'une grande douceur de caractère, il avait principalement pour sa mère une affection profonde qui croissait à mesure que déclinait sa santé ; il se faisait enfant pour elle et recherchait ses caresses, surtout dans les dernières semaines de son existence, alors qu'il était livré tout entier à ses noires pensées !

Que ses parents étaient malheureux de le voir souffrir ainsi ; que de prières ils adressaient à Dieu pour sauver leur enfant ou pour abréger ses angoisses !

Bien qu'il comprît la gravité de son état, Paul Galliard ne voulait pas rester inactif, car il avait le culte du travail, autant que la passion du devoir.

Dans les moments où sa santé le lui permettait, il aidait son frère dans l'administration de l'Orphelinat primaire de France, dont son père était secrétaire général ; il aimait à s'occuper de cette œuvre philanthropique, car il y trouvait l'occasion de faire un peu de bien.

Élevé dans de solides principes religieux, il fut l'un des sociétaires les plus dévoués de l'œuvre de Notre-Dame-des-Étudiants, fondée à l'église Saint-Sulpice, et l'un des auditeurs les plus assidus de ses conférences.

C'est à ces deux œuvres, l'Orphelinat primaire et Notre-Dame-des-Étudiants, qu'il consacra les derniers mois, les dernières semaines de son existence ; ses soirées, il les employait à revoir ses rédactions d'histoire qu'il avait pieusement conservées, à dessiner à la plume quelques croquis de paysages, genre vers lequel il se sentait porté, car, pour ce cœur si simple, c'était presque un besoin d'aimer la campagne, d'admirer la nature.

En mai 1888 se déclara la maladie qui allait l'emporter. Affligé d'une névrose compliquée d'anémie cérébrale, Paul Galliard devait, en quelque sorte, devenir fatalement la proie de la première maladie aiguë qui l'attaquerait.

Malgré toutes les précautions qu'on ne cessait de prendre, il fut atteint d'une bronchite qu'on ne parvint pas à enrayer ; cette bronchite dégénéra, quatre mois après, en congestion pulmonaire et, à partir de ce moment, les forces physiques du malade déclinèrent à vue d'œil. Une fièvre des plus fortes s'empara de lui et ne le quitta plus. Ni la science de plusieurs médecins amis de la famille, ni les soins les plus dévoués de ses parents ne purent conjurer l'issue fatale.

Le 6 janvier 1889, à midi, il s'alita pour ne plus se relever ; le 8, au soir, il expirait, entouré de ses parents, dont la douleur ne peut se dépeindre.

Ses dernières pensées furent pour sa famille et pour Dieu ; sa mort fut celle d'un chrétien plein de foi et d'espérance dans notre immortelle destinée !

Ses restes demeurèrent jusqu'au 11 dans la maison de ses parents. Plusieurs membres du clergé et des communautés religieuses vinrent s'agenouiller auprès du lit mortuaire et jeter l'eau bénite sur ce jeune corps.

Le service funèbre fut célébré le 11 janvier, à dix heures du matin, à l'église Saint-Sulpice, dans la chapelle de la Sainte-Vierge, à laquelle Paul avait été consacré dès son enfance par sa mère.

La cérémonie, que présidait M. le curé de la paroisse, assisté de huit ecclésiastiques, fut simple et touchante, et les chants des enfants de la maîtrise firent couler plus d'une larme. Le père, dont la douleur était navrante, conduisait le deuil. Le nombre des assistants et la quantité de couronnes et de bouquets placés sur la tenture blanche du cercueil montraient assez quels regrets laissait après lui ce pauvre jeune homme, et de quelles sympathies sa famille était entourée.

L'inhumation eut lieu au cimetière de Verneuil-en-Brie (Seine-et-Marne), à 53 kilomètres de Paris, à dix minutes de Beauvoir, petit village où Paul Galliard aimait à passer chaque année ses vacances en famille, et où il se réjouissait encore, trois jours avant de mourir, d'aller en convalescence. Là aussi, la cérémonie fut empreinte d'une simplicité qui gagna les cœurs. De plusieurs villages environnants étaient arrivées bon nombre de personnes amies pour dire un dernier adieu au fils aîné de parents respectés.

Le corps, reçu à la gare de Verneuil-en-Brie par M. le curé de la paroisse, fut porté à l'église, où l'on fit un service religieux, et de là conduit au cimetière, où se dirent les dernières prières.

A quatre heures, la terre recouvrait la dépouille de ce cher enfant, dont la vie avait été si courte.

Il a succombé à 22 ans, frappé par une maladie impitoyable, qui a pour ainsi dire constamment assombri son enfance et sa jeunesse, et la mort a brisé d'un seul coup l'avenir, les aspirations, les projets avec toutes les affections, tous les espoirs fondés sur une chère existence !

Puissent nos regrets unanimes aller au cœur de cette famille si cruellement éprouvée !

Les consolations ne lui ont pas fait défaut. De toutes parts, des divers points de la France, lui sont parvenus les témoignages d'une sympathie précieuse et les marques d'un regret sincère.

La Commission d'administration de l'Œuvre de l'Orphelinat primaire de France, réunie le 7 février, prit la délibération suivante :

« La Commission constate, en compulsant les registres et les écritures — ce qu'elle n'ignorait pas d'ailleurs — qu'un deuxième auxiliaire, celui-ci tout à fait officieux et désintéressé, s'occupait, dès le début, de notre œuvre philanthropique. Elle profite de la circonstance pour rappeler ce dévouement modeste, ignoré, à tous ceux qui font partie de l'Orphelinat et pour les prier de se joindre à la Commission afin d'honorer la mémoire de cet auxiliaire, fils aîné de notre secrétaire général, qu'une mort prématurée vient d'enlever à l'affection de ses parents. »

Enfin, le jeudi 14 février, le Comité central de l'Œuvre, sur la proposition de M. A. Mézières, député, membre de l'Académie française, appuyée par M. Jacoulet, inspecteur général de l'Instruction publique, prit à l'unanimité une délibération ainsi conçue, qui a été reproduite dans les journaux d'instruction primaire de Paris :

« Le Comité central déclare s'associer aux condoléances exprimées par la Commission d'administration en ce qui concerne les services rendus gratuitement à l'Œuvre par le fils aîné de M. Galliard ; il vote à son tour un hommage de regret et de gratitude à la mémoire de ce collaborateur officieux, et il désire que son témoignage soit considéré à la fois comme un acte de sincère reconnaissance envers le défunt et comme une marque de douloureuse sympathie pour sa famille si cruellement éprouvée. »

Ces documents se passent de commentaire ;

ils montrent assez ce que devait valoir un jeune homme dont la mort peut exciter de pareils regrets. Ceux qui l'ont approché de près savent, en effet, combien il était bon, complaisant, tendre, affectueux, modeste, et n'oublieront jamais cette douceur qui semble avoir été la marque distinctive de son caractère et dont ses camarades pourraient, en publiant ces quelques pages, citer des traits vraiment touchants.

Si la Providence a ravi Paul Galliard à ses parents, dans le printemps de la vie, sans que leur amour, leurs soins, leurs sacrifices aient pu arrêter les progrès d'une fatale maladie qui le menaçait de longue date, le souvenir de cet enfant, si prématurément rappelé à Dieu, vit dans le cœur de tous ceux qui l'ont connu, et ce souvenir à jamais y restera gravé comme celui d'une âme toute d'innocence et de vertus !

Paris. — Mars 1889.

Angers, Imp. A. Burdin et Cie, rue Garnier, 4.

www.ingramcontent.com/pod-product-compliance
Lightning Source LLC
LaVergne TN
LVHW010308190726
843502LV00014B/3664